13歳からの ジャーナリング

紙とペンがあればすぐできる！

感情を書き出して頭と心を整える

公認心理師・臨床心理士
心理カウンセリングルーム Le:self代表
藤本 志乃 監修

早わかり！ この本で伝え

なんとなく
毎日がしんどい

クラスで
居場所が
見つからない

人間関係が
しんどい

やりたいことが
見つからない

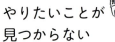

やることがいっぱい
頭がパニック

悩み多き
中高生のみなさん、
心がもやもや
イライラするときは
ジャーナリングが
おすすめです！

ジャーナリングとは……

悩みや不安など、頭に浮かんだ考えや気持ちを
ただひたすら、ありのままに書き出すことです。

ジャーナリングで……

ストレスが軽くなったり、
ストレスに強くなったり、
自分のことが理解できるようになったり、
感情に振り回されなくなったりします。
また、未来に向かって前向きに行動できるようになります。

ジャーナリングは……

紙とペンさえあれば、
いつでもどこでもだれでもすぐに始められます。
さあ、いっしょにジャーナリングを学びましょう！

はじめに

　こんにちは。私は、公認心理師として多くの人の心のケアに携わっている、藤本志乃と言います。この本は、最近話題の「ジャーナリング」という方法を通じて、中高生のみなさんが自分の感情やストレスとうまく付き合い、自分の未来をよりよい方向へ切り拓いていけるよう手助けするために書いたものです。

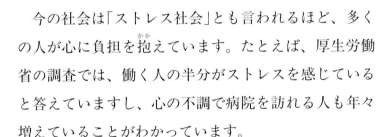

　今の社会は「ストレス社会」とも言われるほど、多くの人が心に負担を抱えています。たとえば、厚生労働省の調査では、働く人の半分がストレスを感じていると答えていますし、心の不調で病院を訪れる人も年々増えていることがわかっています。

　これから大人になっていくみなさんにとって、ストレスとうまく付き合う方法を知り、心の健康を守る術を身につけることは、とても大切なことです。この本では、その方法の1つとしてジャーナリングをおすすめします。その魅力は、なんといっても「簡単に始め

られる」こと。紙とペンがあればすぐにできて、特別なお金も道具もいりません。

　もし、自分でやってみて「これ、役に立つかも」と思ったら、ぜひお父さんやお母さんにも教えてあげてください。なぜなら大人でも、ストレスの対処法や自分で自分の心のケアをする方法を知りたい人がとても多いからです。

　みなさんが、ストレスに上手に対処できる術を学び、なりたい自分を見つけることを心から願っています。そのために、この本がお役に立てればこんなにうれしいことはありません。

※「ジャーナリング」とは、頭に浮かんだ感情を思いのままに「書き出す」ことでストレスを軽くしたり、自分の心の奥の価値に気づいたりする方法です。心理学の世界では、「ネガティブな感情を書き出し、思考を整理することで不安を解消する方法」として「エクスプレッシブライティング」という手法があります。厳密に言うと、「エクスプレッシブライティング」と「ジャーナリング」は異なるのですが、この本では、同義として書き進めていきます。

13歳からの ジャーナリング ｜ 感情を書き出して頭と心を整える
紙とペンがあればすぐできる！

2	早わかり！この本で伝えたいこと
4	はじめに

9 ［第1章］
ジャーナリングの基礎知識

10	ジャーナリングってなんですか？
14	ジャーナリングと日記とは、何が違うの？
16	だれがジャーナリングを考えだしたの？
18	ジャーナリングはなんのためにやるの？
20	書くことで自分を好きになれますか？
24	ストレスに強くなる以外にいいことってあるの？
26	大人にもジャーナリングが人気なのはなぜですか？
30	ジャーナリングってどうやってやるの？
32	書きっぱなしでもいいの？
34	コラム ▶ アプリvs.手書きノート

35 ［第2章］
ストレスについて知ろう

36	ストレスってなんですか？
38	ストレスに強い人、弱い人って何が違うんですか？
42	ストレスがあるとどんな悪いことが起きるんですか？
46	コラム ▶ まとめ！ ストレスとその対処法について

47 [第3章]

ジャーナリングでストレスに気づこう

ジャーナリングでつきとめよう！

48 ❶自分でも何がストレスかわからないときは
心のもやもやを書き出してみよう

52 ❷ストレスを感じるできごとがあったら…

56 ❸ストレスに対して、どんなふうに対処していますか？

60 ❹どんな良くないことがあなたに起こっているか
書き出してみましょう

64 コラム ▶ 考え方を増やすヒント

65 [第4章]

ジャーナリングで解決法を見つけよう

66 とらえ方を変えてストレスを軽くしよう！

72 ストレスを軽くする「コーピング」を知ろう！

74 目の前の問題のコーピングを考えてみよう！

78 自分の手に負えないときは人に助けてもらおう！

82 自分がリラックスできる場所を思い浮かべよう！

84 ストレスでしんどいときに役に立つリラクセーション法

86 コラム ▶ 簡単にできてすぐに気持ちが元気になるコーピング

87 [第5章]

しなやかで強い心を手に入れるための
ジャーナリング

88 ストレス（いやな思考や感情）はなくならないときもある

90 ストレスをどうにかしなきゃと思うのをやめてみよう

7

92	ジャーナリングで今ここに意識を向けよう
94	脳の思考回路を意志を持って変えていこう
96	ジャーナリングでマインドフルネスを練習する具体的な方法
98	コラム ▶ 日常生活でもマインドフルネスを練習できる！

99 [第6章]
未来のためのジャーナリング

100	自分の好きなこと、得意なことを見つけよう
102	未来の「理想の1日」を描いてみよう
104	「やってみたいことリスト」を作ってみよう
106	「困難を乗り越えた経験」を思い出そう
108	「あこがれる人」について書いてみよう
110	「今の悩み」や「不安」を書き出そう
112	未来に向けての目標を書き出そう
116	未来を作るジャーナリング
118	コラム ▶ 自分にとっての「価値」が、未来の羅針盤になる

119 [第7章]
みんなのジャーナリング

120	部活のことで悩んでいます
121	受験勉強に集中できません
122	先生との関係に悩んでいます
123	友達との付き合い方に悩んでいます
124	親との関係でイライラしています
125	将来のことがなんとなく不安です
126	おわりに

［第1章］
ジャーナリングの基礎知識(きそ)

ジャーナリングって何？ どんな効果があるの？
どうやってやるの？ など、ジャーナリングに
ついての基礎知識を学びましょう。

Q ジャーナリングってなんですか?

A 頭に浮かんだもやもやや、悩みをありのままに書き出すことです。それによって元気になったり気持ちが軽くなったりすることもあります。

ジャーナリングという言葉を最近よく聞くようになりました。調べてみると、「自分の感情を紙に書き出すこと。ジャーナリングを行うことで、ストレスが軽くなったり、健康状態が良くなるなどの効果が期待できる」のように書かれていたりします。

　実は、心理学の世界では、明確なジャーナリングの定義はありません。

　けれども、ジャーナリングによって

「自分のことが理解できるようになる」

「ストレスが軽くなる」

「ストレスに強くなる」

「感情にふりまわされなくなる」

「目的に向かって前向きに行動できるようになる」

　などの効果が論文などでも紹介されていますから、**悩み多き中高生のみなさんが知っておいて損はない**と思いますし、むしろ**積極的にジャーナリングを活用する**となにかと助けになるのでは、と思います。

　学校になんとなくなじめない、「友達にあんなこと言わなければよかったな」とくよくよ悩んでしまう、やることが多すぎて何から手を付けていいかわからない、来週の試験のことが心配だけど集中できない……。

そんなふうに、もやもやしていたり頭が混乱しているとき、紙にもやもややイライラを書き出してみると、少し気持ちが軽くなった、という経験をした人もいるのではないでしょうか。
　ジャーナリングとは、そんなふうに、「頭に浮かんだもやもやや、悩み、つらい気持ちをありのままに書き出し、それによってなんらかの効果が期待できること」と本書の中では定義することにします。
　書く内容は自由で、そのときに書きたいことならなんでもOK。頭に浮かぶ考えや気持ちを思いつくままに書き出すことが重要です。

　ジャーナリングの良いところは、だれでも簡単にできること。
　だれかに見せるわけではないので、「ちょっと口に出しては言えないな」というようなひどいことを書いてもいいし、文章がまとまっていなくても、文字が間違っていても大丈夫。
　大切なのは、考えず、止まらず、ひたすら書き続けること。
　何も思い浮かばなければ、「何も浮かばなーい！」とそのまま書けばいいんです。
　いやなことばかりではなく、うれしかったこと、楽しかったことを書いてもかまいません。

それはそれで、これからこんな未来へ進んで行こうと、あなたの行くべき方向やするべき行動を考えるヒントになります。

ジャーナリングを続けていると、書くことによって**自分の考えや感情を冷静に見られる**ようになります。

書くことで自分との対話を深めることができます。

内面にある感覚や直感を言葉にし、心が反応したことをさらに深掘りしましょう。

そうすることで、**自分の価値観や大切にしたい目標がクリアになり、自分が望む人生とは何かが見えてくる**かもしれません。

ジャーナリングは自分を見つめ直したり、自分の前向きな未来をイメージするときにも役立つんだね！

Q ジャーナリングと日記とは、何が違うの?

A 日記は整理して書く、ジャーナリングはなりゆきで自由に書く。

ジャーナリングの基礎知識　第1章

　ジャーナリングとは、もとは「ジャーナル」＝「日誌」という意味が動詞化したもの。ですから本来は、日記もジャーナリングも大きな違いはありません。ですが、最近世の中でよく言われる「ジャーナリング」は、本来の意味とは違って、「頭に思い浮かんだ感情を思いつくままに書き出す」というふうに定義されています。**つまり、なりゆきで自由に書く**ということですね。

　日記は頭の中で書くことを整理して、きれいな文章を意識して書いたりする人もいるのではないでしょうか。

　これに対しジャーナリングは、きれいな文章を書く必要は全くありません。頭に浮かんだことを気の向くままに紙に書いていきます。**思いつくままにガーっと感情を吐き出すことが大事**です。それが日記とジャーナリングの違いです。

　文字がきたなくても、内容がまとまっていなくてもOK。文字が間違っていてもかまいません。漢字を思い出せなければひらがなでもカタカナでも大丈夫。もし何も書くことが思いつかなければ、その気持ちをそのまま、「書くことがないな〜」「何を書いたらいいんだろう」と書けばいいのです。

Q だれが
ジャーナリングを
考えだしたの？

A アメリカの
ペネベーカー教授
です。

近年、ジャーナリングが話題になっているのは、テキサス大学の社会心理学者、ジェームズ・ペネベーカー教授が行った2つの実験がきっかけとなっています。

　1つは、大学生を2つのグループに分けて、一方のグループには感情が大きく動いたできごとについて、もう一方には感情とは関係のない日々のできごとについてジャーナリングを4日間行ってもらいました。すると、感情が大きく動いたできごとを書いたグループのほうは日々のできごとを書いたグループよりも、心や身体の状態が良くなったという結果が出たのです。

　もう1つは失業中で仕事をさがしている人を対象とした実験で、5日間のジャーナリングを行った人と、しなかった人が8カ月後にどうなっていたかを調べたところ、ジャーナリングをした人は、しなかった人よりも40％も仕事に就けた人が多かったという結果が出ています。

　この結果は1986年に論文として発表され、それ以来ジャーナリングは、心の健康や、第7章でも紹介するマインドフルネスの手法の1つとして注目されるようになりました。

　ちなみに、ペネベーカー教授ら研究者の間では、ジャーナリングは「エクスプレッシブライティング」＝「感情などを書いて表現する」という言葉で表されています。

Q ジャーナリングは なんのために やるの？

A ストレスに 強くなれるかも しれません。

ジャーナリングで、頭の中のもやもやや不安、怒(いか)りなどの感情を思いのままに書き出すことによって、**ストレスの発散になることが研究によって明らか**になっています。

いやなことや悩(なや)みを人に話すと少しすっきりすることってありますよね。話す人がいなくても、ジャーナリングで感情を書き出すことで同じような効果が得られるのです。

これはなかなか便利じゃないでしょうか。

いつも悩みを聴(き)いてくれる人がいるとは限りませんし、自分で書くだけなら、「ただ聞いてほしいだけなのに、お説教されちゃった。相談しなきゃよかった〜」と後悔(こうかい)することもないですからね。

ですから、ちょっとストレスを解消したい！というときは、ジャーナリングを利用してみるのもいいかもしれません。

悩んでいるときに相談相手がいなくてもジャーナリングで解決できるかも！

Q 書くことで自分を好きになれますか?

A まず、「自分とは何か」がわかるようになります。

第1章　ジャーナリングの基礎知識

●ジャーナリングは「セルフモニタリング」の手段

　ジャーナリングで自分の感情を書き出すことによって、「自分とは何か」が、よくわかるようになるとも言われています。

　「セルフモニタリング」という言葉があります。これは、自分で自分を観察し、自分についての理解を深めるということ。ジャーナリングは、「セルフモニタリング」の手段にもなるのです。

　実際に、自分の感情を思いつくまま書き出してみてください。書いたらひと呼吸おいて読み返してみましょう。

　すると、「へえ、私ってこんなふうに考えているんだ」とか、「私ってこういうことにこだわるんだ」とか、「なんだか小さなことでくよくよ悩んでいるなあ」など、自分のことを客観的にながめられるようになります。

　これが、まさに「セルフモニタリング」なのです。

　よく見ていると、「私って、この人に何か言われるとカチンとくるみたい」「時間に余裕がないとイライラして人にあたってしまう傾向があるようだ」など、自分が怒ったりくよくよしたりするときに、ある決まったパターンがあるんだなと気づいたりします。

●気づけば対策も立てられる

気づくということはとても大事です。なぜなら、気づけば「同じことが起きたときにどうするか」と、対策を立てることもできますし、「また同じループに入らないようにしよう！」と、自分を変えるための行動を起こすことができるからです。

気づかなければ、いつも同じパターンで悲しくなったりイライラしたり、という堂々めぐりから抜け出すことができにくくなります。

みなさんもジャーナリングで、「セルフモニタリング」をしてみましょう。自分ってどんなときにどんなふうに感じるのか、自分のことを観察してみましょう。

そして、**自分の考え方のくせに気づいたら**、「このままだとまた悲しくなってしまうからこの場から離れよう」とか、「もうあの人の言うことはいちいち気にするのはやめよう」とか、**考えや行動をちょっと変えてみて**はどうでしょうか。

いつもとは違う展開があるかもしれません。

コラム法で自分の気持ちを観察してみよう！

コラム法とは、自分を落ち込ませている考えの正体をつかまえることで、落ち込んだ気持ちをやわらげ、物事を柔軟にとらえられるようになることを目指す心理学の手法の1つです。

(1) 気持ちが動いたときに起きたできごとを書き出す

> 例　友達に借りていたマンガを学校に持ってきたら、たまたま持ち物検査があって先生にすごく叱られた。

(2) そのとき頭の中にパッと思い浮かんだ考えを書く

> 例　自分は運がないし、何をやってもうまくいかない。自分がいやになる。

(3) (2)の感情を数字で表す

> 例　みじめ 80%　自己嫌悪 60%　イライラ 30%

(4) (2)とは別の考えを見つける

> 例　たまたまよくないことが重なっただけで、「何をやってもうまくいかない」というわけではない。できることもちゃんとある。

(5) 別の考えを見つけたことで起きた感情の変化を示す

> 例　穏やか 40%　みじめ 15%　イライラ 10%

ネガティブなことを繰り返し考え続けていると気分が沈みやすくなり、気づかないうちに落ち込みの悪循環にはまってしまうことがあります。コラム法で、自分の「考え」と「感情」を意識的に分けてみることで、自分をつらくさせている考えの正体に気づき、他の考え方を取り入れることができるようになっていきます。

Q ストレスに強くなる以外にいいことってあるの？

A 自分の人生を強く生きていけるようになります。

ジャーナリングがストレス発散になったり、自分を知るきっかけになったり、考え方を変えるチャンスになるということはお話ししましたね。

　もう1つ、ジャーナリングにはすごい効果があるんです。すぐ目に見える効果というよりは、あなたの未来にじわじわと大きな影響（えいきょう）を与える効果です。

　「レジリエンス」という言葉があります。日本語で言うと「回復力」という意味です。

　ジャーナリングは、なんでも思いつくことを自由に書いていいのですが、たとえば「私ってエライ！」「自分なりによくがんばっている！」など、前向きな言葉や、「〇〇のためにがんばろう！」「将来□□になりたい！」といった、**自分の価値観や未来に関することを書いたジャーナリングは、逆境にまけない心を作ったり、レジリエンス（自己回復力）を高める効果がある**ということが、研究からもわかっています。

　つまりストレス解消だけでなく、「自分はこんな人生を歩みたいみたい」「つらいことがあっても負けないで強くありたい」という人にとっても、ジャーナリングは役立つのです。

Q 大人にも
ジャーナリングが
人気なのは
なぜですか？

A 心が楽になり
いろんなことに
チャレンジしやすく
なるからです。

ジャーナリングの基礎知識　第1章

◉「マインドフルネス」でストレスに強くなろう

　「マインドフルネス」って聞いたことがありますか？　**マインドフルネスとは、「今、ここに意識を向ける」状態を作る**ことです。ふだん、自分の思考や感情が頭に浮かぶと、私たちはそれに対して「良い思考」「悪い感情」などと評価をしてしまいますね。そうではなくて、それらを**ただ、「今、自分の中にあるもの」としてとらえる**。それと同時に外側で見えている景色や聞こえている音などにも意識をただ向けていく。そういう状態が作れるようになると、ストレスがかかってきても、「やばいぞ！」とならず平静でいられるようになると言われています。

　あなたは、「あれもこれもしなきゃ」と焦ったり、「何から手をつけたらいいかわからない！」とパニックになることはありませんか？　そんなときに、今、目の前にあることだけに意識を向ける＝マインドフルな状態を作る練習をしておくことで、気持ちを落ち着けるのが上手になることがあります。

◉ジャーナリングは "書く瞑想"

　「マインドフルネス」は、ストレスに強くなるだけでなく、集中力を高めて創造力をアップしたり、学習能力や記憶力を向上させ

る効果もあることから、企業でも注目されている方法です。

「そんなにいいことならやってみよう！」と思う人もいるかもしれませんが、実は、「今、ここに意識を向ける」って簡単なようで、なかなか難しいのです。

みなさんも、ふと気がつくと、あれやこれやいろいろなことを考えてしまって、目の前のことが手につかなくなることってありませんか？　人の心って移り気なのです。

そこでおすすめなのが、ジャーナリングです。

ジャーナリングは、ペンと紙でひたすら自分の頭の中の考えや気持ちを書き連ねること。**頭の中の考えや気持ちに意識をしっかり向けたり、書くこと自体にしっかり意識を向けることで、自然とマインドフルな状態を作ることができる**のです。

ジャーナリングは「書く瞑想(めいそう)」とも呼ばれているんですよ。

ジャーナリングによって、マインドフルな状態が作れるようになると、だんだんイライラしたり落ち込んだりといった感情に振り回されにくくなります。

それによって自分の心が楽になることはもちろん、自分がやりたいことや大切なことに意識が向き、いろんなことにチャレンジしやすくなるはずです。

ジャーナリングの基礎知識　第1章

●「マインドフルネス」が難しいわけ

ところで、なぜマインドフルな状態になることが、難しいのでしょうか。

私たちの脳は、無意識でいると、ついついネガティブなことを考えるようにできています。

これは私たちの祖先が、狩猟生活をしていた時代の名残だと言われています。その頃の人たちは安全な家もなくいつ猛獣におそわれるかもしれない、そんな危険な中で暮らしていました。だから脳は、いつ何があっても対処できるように、ネガティブなことを考えて危険に備えていたんです。

ネガティブなことが自然と浮かぶのはいわば人間の本能。だから、ここから逃れるのは難しい。しかし、あえてこの脳の思考回路を変化させて今ここに意識を向けるのが「マインドフルネス」です。そしてジャーナリングは、「マインドフルネス」の練習をするための手段の1つなのです。

Q ジャーナリングってどうやってやるの？

A 特にルールはありません。ひたすら書けばいいんです。

ジャーナリングは、**紙とペンさえあればだれでもできます。書き方のルールもありません。**

1日に何回書いてもかまいませんし、5分書こうが10分書こうが自由です。1分でささっと書くのでもOK。

手帳に1ページとか、ノートに半分とか、分量も自由。

いつ、どこで書いてもかまいませんが、ざわざわした落ち着かないところよりは、自分の部屋など静かでリラックスできる場所がいいでしょう。時間帯も自分が書きやすい時間でOK。何よりもまずは続けてみることが大切です。

何も思いつかない場合は、「書くことを思いつかない」と書いてもかまいません。**続けるうちに、すらすら書けるようになっていきます。**

書きづらい場合はテーマを設定してもいいですね。こんなときにはこんなことを書いたらいいですよ、という提案は第3章以降で述べているので参考にしてください。

ジャーナリングのいろいろな効果を実感するためには、**少なくとも2カ月は継続する**と良いみたいです。

でも、「書いているといやなことばかり思い出してつらくなってしまった」という場合は無理をせずお休みしてくださいね。

Q 書きっぱなしでもいいの？

A 書きっぱなしでもいいし、振り返りをしてもいいです。

ジャーナリングで一番大事なことは、書くことに集中して、ひたすら自分の頭の中の考えや気持ちを書き出すこと。特にマインドフルネスの練習をするためにジャーナリングをする場合は**書くことに意味があるので、書いたものは読み返す必要はない**、と言われています。いやなできごとをたくさん書いた場合は、読み返すとつらくなってしまうかもしれないので、捨ててしまってもかまいません。

でも、今回紹介する「ジャーナリング」は、書くことで「自分とは何か」を知ったり、自分の考え方の悪いくせを知って改善したり、前向きな言葉を書いて自分を元気づけたりする手段としても紹介しているので、**読み返して振り返りをしてもかまいません**。書いて捨てるか、書いて残すか、書きっぱなしか、あとで振り返るかも、あなたの自由なのです。書いて振り返る場合でも、「こんなことを書く自分はダメだ」と、自分を責めたり、**書いたものについて、「良い、悪い」の判断をする必要はありません**。いやな感情を無理におさえこんだりなかったことにしなくていい。「へえ、自分ってこんなこと考えているんだな」と、ただながめましょう。

自分をまるごとうけとめてみましょう。それが自分を理解することや、自分に自信を持つことにつながります。

COLUMN

アプリ VS. 手書きノート

　ジャーナリングは紙とペンがあればできますが、「パソコンやスマホのメモ等に入力するのでもいいのですか」と聞かれることがあります。ジャーナリング用のアプリもありますよね。

　デジタルとアナログ、どちらがいいのでしょうか。

　基本的には、あなたが書きやすいな、続けやすいな、というほうでいいと思います。

　ただ、「キーボードで文字を打つよりも、手書きのほうが、脳が活性化する」という実験結果は出ていますから、もしかしたら手書きのほうがすらすら書けるのかもしれません。

　私の場合は、アナログ派です。ノートに手書きなら、縦書きでも横書きでも殴り書きでもOK。落書きみたいに気軽に書けるし、図や絵もささっと書けて自由度が高い気がするからです。

　また、怒っているときは筆圧が強くなったり文字が大きくなったり、逆に自信がないときは文字も弱々しくなったりなど、感情がにじみ出ることも、手書き文字の良さだと思います。

［第2章］
ストレスについて知ろう

ストレスに強くなることはジャーナリングの効果の1つですが、そもそもストレスってなんでしょうか。知っていそうで知らないストレスのことを学びましょう。

Q ストレスって なんですか？

A ストレッサー
⬇
ストレス反応が ストレスです。

ストレスについて知ろう　第2章

　第1章で、「ストレスに強くなる」「ストレスを軽くできる」ことが
ジャーナリングの効果だと述べました。

　ところで、ストレスっていったいなんなのでしょうか。ふだん
は何気なく「ストレス」という言葉を使っていても、正確な意味を
知っている人は案外少ないのではないかと思います。

　まず、ストレスには、ストレスの原因やきっかけとなるものが
存在します。これを心理学の世界では、「ストレッサー」と呼び
ます。そして、ストレッサーが原因となって起こる反応のことを「ス
トレス反応」と言います。

**「ストレッサー」をきっかけとして「ストレス反応」が
出る、この一連の流れを「ストレス」と呼ぶのです。**

　たとえばテスト前のことを想像してみてください。「勉強しなき
ゃ」「良い点が取れるかな」と焦りや不安を感じるのではないで
しょうか。この場合、「テストが近づいている」という状況が、「ス
トレッサー」となります。

　「テストが近い」ことがストレッサーとなり、お腹が痛くなったり
（身体的反応）、イライラしたり（情緒的反応）、やけ食いをした
り（行動的反応）といった、さまざまな反応が出てくることがあり
ます。これが「ストレス反応」なのです。

Q ストレスに強い人、弱い人って何が違うんですか？

A いろいろな考え方ができる人、いろいろなストレス対処法(たいしょ)を持っている人は強いです。

ストレスについて知ろう　第**2**章

さきほどのテストの例で言えば、同じクラスであれば、みな「テストが近い」状況（＝ストレッサー）というのは同じですが、強いストレスを感じる人もいればそうでもない人もいます。

その違いはどこにあるのでしょうか。

● **受け止め方を増やす**

まず、ストレッサーがあったときに、それをどう受け止めるかで、ストレスの影響は異なります。

たとえば、「もうすぐテストだ。いやだな」という考えしか浮かばない人と、「このテストは自分の成績を上げるチャンスだ。しっかり勉強すればきっとうまくいく」という考えも持てる人とでは、ストレスの強さが違ってくることもあるのです。

でも、逆に言えば、同じストレッサーがあっても**いろいろな考え方ができると、ストレスは軽くできる**ということです。これはジャーナリングによってもできるのです。その方法は第4章で紹介します。

● **対処法を考える**

もう1つ、ストレスを軽くする方法があります。

それは、**「自分なりの対処法を持つ」**ということです。
ストレスへの対処法を「コーピング」と言います。

39

いろいろなバリエーションのコーピングをできるだけ多く持つとさらにGood！　たとえば、テストの例で言えば、「集中して復習をする」「好きな動画を見て気持ちを落ち着ける」などが、コーピングになります。

　コーピングには、問題を解決することに焦点を当てたもの（難しい言葉で「問題焦点型コーピング」と言います）と、不安や緊張をやわらげるために**感情に焦点をあてたもの**（「情動焦点型コーピング」）があります。

　さきほどの例で言えば、「集中して勉強をする」が問題焦点型コーピング、「好きな動画を見て気持ちを落ち着ける」が情動焦点型コーピングになります。

　「こんなときには、こうする」というコーピングのパターンをたくさん持っている人は、ストレスに強くなります。

　それもジャーナリングを使ってできるので（第4章を参照）、いっしょに学んでいきましょう。

さまざまな考え方を持つことができるとストレスは小さくなります

コーピングはいろんなバリエーションのものをたくさん持っているとストレスに強くなりますよ

ストレスのメカニズム

Q ストレスがあると
どんな悪いことが
起きるんですか？

A 心や身体に
いろいろな不調を
もたらします。

第2章　ストレスについて知ろう

　人は、少々のストレスではへこたれないようにできています。でも、**あまりにも強いストレスがずっと続くと、心や身体に不調が現れるようになります。**

　たとえば身体の不調では、夜眠れなかったり、食欲がなくなったりめまいがしたり、腹痛や頭痛、身体のあちこちが痛む、などがあります。

　心の不調では、気分が落ち込む、イライラする、怒りっぽくなり、やる気がなくなる、などがあります。

　行動面でも、人との付き合いを避けたり、部屋に引きこもったりなどの変化が現れることがあります。

　放っておくと雪だるま式に具合が悪くなっていくので、早めに親や先生、スクールカウンセラーなどに相談するのも1つの手ですね。

　深刻な不調が現れる前にできることもあります。

ストレスによって起こるさまざまな不調

身体	心	行動
• 眠れない • 食欲がない • めまい • 頭痛 • 腹痛 　など	• 落ち込む • イライラ • 怒りっぽくなる • やる気がなくなる 　など	• 人との 　付き合いを避ける • 部屋に引きこもる 　など

43

38ページで述べたように「受け止め方」を増やしたり、「コーピング」を考えておくことで、ストレスが軽くなったり、ストレスに強くなったりすることができます。

ジャーナリングは、その助けになりますから、ぜひ学んでおきましょう（第4章参照）。

● ストレスは強すぎてもダメ、ゼロでもダメ

ストレスは、悪者のように言われることが多いですが、そうとも限りません。もちろん、強すぎるストレスは身体や心に悪い影響を与えますが、全くストレスがないのも良くないと言われています。

あなたも、勉強や部活で、少しプレッシャーがあったほうががんばれるという経験をしたことがあるのではないでしょうか。簡単すぎるパズルよりも、ちょっと難しいパズルのほうがやる気が出るということはありませんか？

適度なストレスは、モチベーションアップになったり、人を成長させたりするのです。

人は少々のストレスではへこたれませんが、強すぎるストレスや長く続くストレスには要注意！

例 **テスト前に感じる心身の変化**

ポジティブなストレス反応

> 「テスト勉強をしっかりできたおかげで、自信を持って問題に挑めた」「少し緊張しつつも集中力が高まり、良い結果を出せた」など。

ネガティブなストレス反応

> 「不安で眠れなかったせいで、テスト当日は頭がぼーっとしてうまく解けなかった」「お腹が痛くなって、テスト中に集中できなかった」など、体調や精神面に悪影響が出る。

「テスト」という同じストレッサーでも、ポジティブなストレス反応が出る人と、ネガティブなストレス反応が出る人がいるんだね。「ストレスのとらえ方」や「コーピング」によって、ポジティブな反応に変えていこう！

COLUMN

まとめ！ストレスとその対処法について

　ストレスの原因は**ストレッサー**。それによって起こる、身体や心への影響を**ストレス反応**と言います。

　ストレッサーは同じでも、ストレスのとらえ方は人によって異なることがあります。たとえば、「テストが近い」というストレッサーはクラスみんな平等にありますが、人によって「困った！」と思う人もいれば、「楽勝！」と思う人もいます。この、「困った！」とか「楽勝！」とかの**とらえ方を難しい言葉で「認知的評価」と言います**。

　「困った」とか「いやだな」と思うときに、気晴らしにおやつを食べたり、早めに勉強にとりかかったり、人によって**なにかしらの対処行動をすると思います。これをコーピングといいます。**

　ストレスをできるだけ軽くしたいとしたらどうしたらいいでしょうか。ストレッサーは簡単に変えられないことが多いですが、とらえ方（認知的評価）や対処行動（コーピング）は自分の意志で変えることができますよね。そのときに、ジャーナリングが役立つということを第2章で学びました。第3章でさらに詳しく学びましょう。

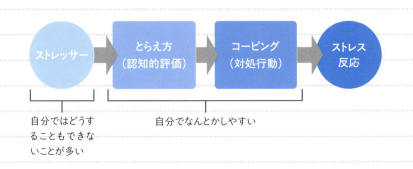

［第3章］
ジャーナリングでストレスに気づこう

ジャーナリングは、自分が何に悩んでいるのか、どんなことがストレスになっているのかを知るためにも活用することができます。心のもやもやや、つらいと思っていることを書き出すことで、ストレスの原因や対処法が見えてきます。

ジャーナリングでつきとめよう！ ①

自分でも
何がストレスか
わからないときは、
心のもやもやを
書き出してみよう

ジャーナリングで
ストレスの原因が
見えてくるかも？

ジャーナリングでストレスに気づこう　第3章

　不安や怒りを感じていたり、イライラしたり、何かストレスを
かかえているとき、あなたはどうしたいですか？　「とりあえずこ
のストレスから解放されたい」と思うのではないでしょうか。では
ストレッサー（ストレスの原因）が何かわかりますか？　なんとなく
もやもやするけど原因まではわからない？

　原因がわからなければ、敵がだれだかわからないのに戦う
ようなもので、解決はちょっと難しそう。

　**だから、「ストレスを感じるな〜」というときは、まず、
原因をつきとめることが大事**です。

　ここで役立つのがジャーナリングです。

　今、もやもやしているのなら、そのきっかけってなんだろう、
いつから、どうしてもやもやしているのだろう。心のなかはどん
な状態？　など、頭に思い浮かぶ考えや気持ちを思いつくまま
にどんどん書いていきましょう。自分のストレスの原因を知るた
めにジャーナリングするのです。

　頭の中で考えているだけでは意外とわからないものです。で
も、書き始めると、あれかな、これかな、これもそうかも、とイ
モづる式に言葉が出てくると思います。

　そしてその中に、これが原因かも、というものが見えてくるか
もしれません。それが、解決の糸口になります。

49

たとえば、「これがストレスの原因だ」とわかれば、そこから離(はな)れることもできますし、だれかに助けを求めたり相談することもできるかもしれません。

「この人との関係が原因だ」とわかれば、相手と話し合いをするということが解決策になるかもしれません。

一歩を踏(ふ)み出すために、ジャーナリングで、あなたを悩(なや)ませているものの正体を明らかにする必要があるのです。

頭で考えているだけだと堂々めぐりになることも。心のもやもやを書き出してみると解決の糸口が見えてくるかもしれません。

ジャーナリングでストレスに気づこう　第**3**章

俊哉のノート

部活

(先輩)が怖い。

先輩とうまくコミュニケーションが取れない。

また怒られるのではと思うとついびくびくしてしまう。

びくびくしているとよけいきついことを言われる気がする。

先輩が見ていると緊張して上手にプレーができない。

本当はそこまで下手じゃないと思う。

さやかのノート

友達とLINEグループを作ったけど、

どうも裏で私を除いたLINEグループもあるみたい。

傷つく。

ときどき(既読スルー)されると落ち込む。

なんだかグループの中で私だけ浮いてる？

学校に行こうと思うと気が重くなる。

書いたあとにストレッサーに〇をつけてみよう。ストレス反応に〜〜〜を引いてみよう。

51

ジャーナリングでつきとめよう！❷

ストレスを感じる
できごとがあったら…

ジャーナリングで
自分の考え方の
クセに気づけるかも

第2章で、ストレスはストレッサー（原因やきっかけ）＋ストレス反応（体、心、行動に現れる変化）だと学びましたね。

そして、ストレスに強い人と弱い人の違いは、「ストレッサーをどうとらえるか」で決まることも学びました。

ここでは、あなたはストレッサーをどうとらえるのかを知るためにジャーナリングをしてみましょう。

あなたは、ストレスを感じるできごとがあったとき、それをどうとらえますか？

たとえばテストが近いとき、「悪い点をとったらどうしよう」と不安に思うほうですか？　それとも「良い点をとってみんなを驚かせよう」と考えるほうですか？

LINEで既読スルーされたとき「無視されちゃった、きらわれているのかな？」とさみしく感じるほうですか？　それとも「今、たまたま忙しいんだな」とあまり気にしないほうですか？

過去にストレスを感じたできごとを思い出して、自分はそれをどうとらえたか、ジャーナリングで書き出してみましょう。

書いたらしばらくながめてみましょう。何が正しい・悪いということではありません。まずはストレッサーに対して自分がどんな考えをしているのか知ることが大事です。

こんなふうに **ジャーナリングを活用**しよう！

① 頭に浮かぶ考えを紙に書き出してみよう
② 自分の考えに波線を引こう
③ 波線を引いたところを見て、自分の考えや気持ちに気づこう

俊哉のノート

　昨日、部室に入ったら、さっきまで盛り上がって会話していたのに、急にシーンとなった。もしかしたらオレのかげ口を言っていたのかも・・・と不安になった。そういえば、最近、みんなオレのことを避けているような気もするし。

【先生からの一言】

　書くことで、「オレのかげ口を言っていたのかも」と考えることで不安になっているんだなという自分の考えや気持ちに気づけたことがすばらしいですね。気づいた考えが、今はネガティブなものでも大丈夫。自分の考えや気持ちに気づくことは、他の考え方をするための第一歩でもありますよ。

ジャーナリングでストレスに気づこう　第**3**章

さやかのノート

　　既読スルーされるのがとにかくキツイ。無視されているのかな、きらわれているのかなと考えてしまって、落ち込む。既読スルーされているのは私だけで、きっとひかりちゃんはそんなことされていないはず。なんで私だけが既読スルーされるんだろう。

　　なんとかポジティブに考えられないかとも思ったけど難しかった。

【先生からの一言】

　書くことで自分のキツさにも気づいて今は少ししんどいかもしれませんね。でも大丈夫。「無視されているのかな、きらわれているのかな」、とか「自分だけが既読スルーされているに違いない」と書くことでキツくなって落ち込んでしまっているという自分の考えや気持ちにしっかり気づけています。そして、さやかさんの言うとおり、ネガティブな考えをポジティブなものに変えるなんて難しいですよね。無理をしなくてもOK。ポジティブな考えに変えなくても方法があります。第4章で紹介するので、まずは自分の考えていることをここに書けて気づいたことをほめましょう。

55

ジャーナリングでつきとめよう！❸

ストレスに対して、
どんなふうに
対処していますか？

書き出すと
自分のくせが
見えてきます。

第3章 ジャーナリングでストレスに気づこう

　ジャーナリングは、自分自身を観察（セルフモニタリング）し、自分の考え方や行動のくせを知るためにも役立ちます。気づくことで、「良くないな」と思うくせを直すこともできますね。

　あなたは、ストレスを感じたとき、どんな態度や行動をとっていますか？　ノートに書き出してみましょう。

　書いてみて、どんなことに気づきますか？

　これは自分がどういう対処をしやすいのかを知るためのジャーナリングです。**何が正しいということはありません。「自分ってこうなんだな」とただながめてみましょう。**

　「私はかっとするとすぐ顔に出てしまう」とか「ものに八つ当たりすることが多い」とか、自分のやりがちな行動が見えてくるかもしれません。「これは直したほうがいいかも」と思うことがあれば、それも書き足しましょう。

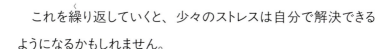

　これを繰り返していくと、少々のストレスは自分で解決できるようになるかもしれません。

こんなふうに **ジャーナリングを 活用**しよう！

ストレスを感じたとき、自分はどんなふうに対処しているか書き出してみよう。無意識にやっていることもあるかもしれませんね。あらためてながめていると、自分はいろいろな対処法を持っているんだと気づくことができます。

俊哉のノート

友達と意見が合わなくて悲しいときは、友達に言い返すことは苦手なほうなので、あとで、

- 1人で考える
- 日記に書く
- ランニングする
- 好きな音楽を聴く
- ゲームする

こんなふうにストレス解消している気がする。

【先生からの一言】

　言い返すのが苦手とおっしゃっていますが、それは俊哉さんが相手のことを思いやる優しい気持ちがあるからかもしれませんね。意見を言うことだけが正しいわけでも、ストレス解消になるわけでもなく、

ジャーナリングでストレスに気づこう　第3章

それは人によりますね。

　そしてその代わりに1人でできるストレス対処法をたくさん持っていらっしゃるようですばらしいです。他の人に頼るなど、自分だけで完結しないストレス対処法もさがしてみるとより良いかもしれませんね!

さやかのノート

> 友達にメッセージを既読スルーされたときは、不安になるので、
> • どうした?　元気ない?　とさらに送る
> • 電話をかけてみる
> • 他の友達にその子に会ったか、会っていたら何していたのか聞く
> こんなふうに対処している気がする。

【先生からの一言】

　不安の原因を探るために、自分の考えていることが本当なのかを確認するような対処をしっかり取ることでストレスを解消しようとしているのかもしれませんね。それも1つのすばらしい方法だと思います。その他、少しこの問題から離れて、自分が楽になったり楽しくなったりするようなストレス対処法を探してみるとより良いかもしれませんね!

59

ジャーナリングでつきとめよう！ ④

どんな良くないことが
あなたに起こっているか
書き出してみましょう

おおごとになる前に
気づくことが
あなたの身を守ります！

ジャーナリングでストレスに気づこう　第3章

　今度は、ストレス反応について考えてみましょう。ストレス反応とは、ストレスによって現れる、さまざまな不調のことでしたね（37ページ参照）。

　ストレスがかかったとき、あなたの精神状態はどんなふうになりましたか？　行動に何か影響はありましたか？　身体に痛みがあるとか何か変化がありますか？　小さなことでもいいので、書き出してみましょう。

　自分の症状に気づくことはとても大事です。なぜなら、ストレスがかかっているにもかかわらず、それが当たり前になっていて自分では気づいていない、という人が世の中にはけっこういるからです。ストレスがかかったまま長期間放ったらかしにしていると、身体を悪くしたり心を病んでしまうこともあります。

　そうなる前に「自分にどんな良くないことが起こっているか」、**変化が小さなうちに気づくことがとても大事**です。

　たとえば、心の面では「何もやる気になれない」「毎日悲しくて涙が出てしまう」「自分はダメだという考えがとまらない」などがあります。身体の不調では、頭やお腹が痛いなど、身体のどこかが痛くなる、行動面では、よく眠れない、食欲がない、逆に過食してしまう、学校に行きたくなくなる、などがあります。これ以外でもあなたが「つらい」と思うような心、身体の変化を書き出してみてください。

61

ストレスがかかったときに、身体や心にどんな良くないことが起こるか、思い出して書いてみましょう。「このくらい大丈夫」と思っていることも1回文字で表してみましょう。

俊哉のノート

「部活に行かなきゃ」と思うと胸が苦しくなる。
先輩がイライラしていると、手が震えてくる。
自分は何をやってもダメな気がしてくる。
よく眠れない。
朝、学校に行かなきゃと思うとお腹が痛くなる。

【先生からの一言】

　書いたものをよく見返してみると、「胸が苦しくなる」、「手が震えてくる」、「眠れない」「お腹が痛くなる」など、体にストレスのサインが出ることが多いようですね。

　これらのサインはストレスがかかっているよと私たちに教えてくれているので、私たちを守ってくれるものでもあります。ですが、放置しておくと良くないので、次の章でどのようにケアすると良いかみてみましょうね。

さやかのノート

> イライラすると、
>
> たくさん買い物をしてしまう
>
> 暴飲暴食してしまう
>
> お母さんにあたってしまう
>
> 何もする気が起きないし、勉強も集中できない

【先生からの一言】

　さやかさんのノートを見ると、さやかさんはイライラすると「買い物をしてしまう」「暴飲暴食してしまう」「お母さんにあたる」など、行動にストレスのサインが出ることが多いようですね。

　これらも立派なストレスのサイン。このようになって後悔(こうかい)するとよりストレスがたまるという悪循環(あくじゅんかん)になってしまうので、次の章でどのようにケアすると良いか見てみましょうね。

COLUMN

考え方を増やすヒント

　39ページで、考え方やとらえ方を増やすことで、ストレスが軽くなるというお話をしましたね。どんな考え方ができるのか、いくつか例を挙げました。ぜひ参考にしてみてください（詳しくは第4章で学びます）。

例　受験勉強がつらい。第1志望に受からなかったらどうしよう。
　➡ 不合格でも世界の終わりじゃないし。
　　 第2志望でも、受かったところが自分に合った学校だ！

例　部活の顧問の先生に、最近練習に身が入っていないと叱られた。もうやる気なくなった。
　➡ 先生は私のことを思って叱ってくれたんだ。期待されているんだからがんばろう！

　あまり発想が広がらないときは、「いつも明るいあの人ならどう考えるだろう」と、他人になりきって考えてみると、良いアイデアがでることがありますよ。

　　➡ 今回がダメでも次があるさ。
　　➡ たまたまここには縁がなかったんだ。
　　➡ 私なりには成長しているからOK！
　　➡ 先生はたまたま虫のいどころが悪かったんだな。

[第4章]
ジャーナリングで解決法を見つけよう

第3章では、ストレスの正体をつきとめましたね。あなたを苦しめているストレスの正体が見えてきたでしょうか。第4章では、ストレスにただやられているのではなく、ジャーナリングを使って、自分なりに対処する方法を学びましょう。

とらえ方を変えて ストレスを軽くしよう！

幸福か不幸かは あなた次第。だったら どっちを選ぶ？

ジャーナリングで解決法を見つけよう　第4章

　人にはだれでも「考え方のくせ」があり、同じできごとでもネガティブにとらえる人とポジティブにとらえる人がいます。たとえば、テストで悪い点数を取ったときに「やっぱり私はダメだ」と思う人もいれば「私は伸びしろがある」と考える人もいます。

　どちらが正しいということではありませんが、**自分の中で少しでも気持ちが楽になる考え方ができたほうがストレスには強くなれそうです。**

　考え方のくせを知り、考えを増やしていくために、ジャーナリングが役立ちます。

　第3章で自分はストレスをどうとらえるのかを書き出してながめて、自分の考え方のくせを知りましたね。今度は、自分がいつもはしない考え方や他の考え方をどんどん書き出してみましょう。その中に自分の気持ちが楽になる考え方があるか探してみましょう。

　この作業を通して、「最初はネガティブな気持ちだったけど、今はそれが少しやわらいだ」と思えたらすてきですね。

こんなふうに **ジャーナリング**を **活用**しよう！

傷ついた、いやな思いをした、というときに、他の考え方もできないか書き出して、考え方のバリエーションを増やしてみよう。その中で、良さそうだと思うものに○をつけよう。

俊哉のノート

> 部室に入ったら、さっきまで盛り上がって会話していたのに、急にシーンとなった

- 自分にはわからない話題だったから
- 気をつかってくれたのかも
- 一部にはきらわれているのかもしれないけど、そうじゃない人もいるかも
- ちょうどその話題が終わったのかも
- 先生が入ってきたのと間違えたのかも
- 先輩が入ってきたのと間違えたのかも

【先生からの一言】

　別の考えを書いてみるのは難しかったと思いますが、たくさん挙げられましたね。「先生」を「先輩」に変えてみたという、すでに出てきた内容を真似して考えを増や

すやり方はGOODです！　この挙げた中から自分の中に増やせそうな考えをさらにピックアップできたらいいですね。

さやかのノート

既読(きどく)スルーされた

- 忙(いそが)しかったのかも
- 忘れているのかも
- なんて返そうか迷(まよ)っているのかも
- なんて返そうか迷っているうちに忘れたのかも
- スマホをお父さんに
- 取り上げられちゃったのかも

【先生からの一言】

　自分の元々の考えに引っ張られず、さまざまな考えを挙げられていますね。この中でどの考えを採用すると自分の気持ちが少し楽になるか、点数をつけてみたりして考えてみてもいいですね。

陸人のノート

> サッカーの試合で、ミスをしてチームの足を引っ張ってしまった

みんなぼくのせいだと思っているに違いない。

これ以上迷惑をかけたくないし、いづらいからやめたほうが

いいのかも。

「やめる」というのはきょくたんかも。

だれだってミスをする。今回はたまたまぼくがミスをしてしまった。

これまで自分の活躍で得点できたこともあった。

今回のミスで課題も見つかったからその改善の努力をすれ

ばいい。

失敗はだれでもするか・・。

次の課題が見つかった。

【先生からの一言】

　素直な自分の考えをたくさん出せましたね。ネガティブな考えだから悪い、ポジティブな考えだから良いということはありません。どの考えもあなたらしさを表しています。

　いやなことがあって、それを完全にポジティブにとらえることは難しいですよね。一見ネガティブに見えるものでも、あなたの気持ちが少しでも楽になる考え方がここに含まれていればそれでOKですよ!

ジャーナリングで解決法を見つけよう　第**4**章

> 私は美術系の専門学校に進みたいのに
> 親は大学に進学して経済学を学び、
> 良い会社に就職したほうがいいという

史恵のノート

親は私のやりたいことを理解してくれない。

どうせ美術では食べていけないと思っているんだ。

私の夢なんてわかってくれない。

親は私の将来を心配して、将来安定した生活や収入

が得られる道をすすめてくれているのかも。

私の夢についてちゃんと話せば理解してくれるかも。

私のことを心配してくれているのかも。

【先生からの一言】

　最初は親に理解してもらえないと悲しい
気持ちになっていたはずなのに、親が
自分の将来を心配する気持ちも想
像するなどして、角度を変えて新た
な考えを増やしていくことができました
ね。すばらしいことだと思います。親が心配
してくれたのかも、と考えることができたら、
気持ちはどんなふうに変わりそうか想像して
みても良いですね。

ストレスを軽くする
「コーピング」を知ろう！

問題解決法を考える？
それとも気持ちを
なんとかする？

第2章で、ストレスを軽くする方法の1つとして、自分なりの対処法＝「コーピング」を持つという方法を紹介しました。

コーピングは、大きく2つに分類されます。

1つは、「問題焦点型コーピング」といって、ストレスの原因になっている問題を具体的に解決する方法です。

もう1つは、「情動焦点型コーピング」で、不安とか、つらい、悲しいという感情をなんとかするための対処法です。

たとえば、「数学が苦手で次のテストが不安」ということがストレスになっている場合、「数学が得意な友達といっしょに勉強をする」「過去に間違った問題を解き直してみる」などが、問題焦点型コーピングになります。

不安をまぎらわせるために、「散歩をして気晴らしをする」「好きなものをたらふく食べる」「推しの動画を見る」などが、情動焦点型コーピングです。

どちらが良い・悪いではなく、**両方をバランスよく持っておくことがポイント**です。

目の前にあるストレスをどうするか、コーピングを考えるためにもジャーナリングは有効です。自分なりの解決法を、実際にできるかどうかはとりあえず横において、思いつくままに書いてみましょう。

目の前の問題のコーピングを考えてみよう！

いろいろなコーピングパターンを持っておくだけでストレスに強くなる！

ジャーナリングで解決法を見つけよう　第4章

　ストレスがかかるできごと（ストレッサー）に対して、いろいろな対処法を持つことが、ストレスに強くなる秘訣です。ジャーナリングを使ってストレスに強くなりましょう。

　まず、あなたが今感じているストレスを書き出してみてください。次に、そのストレスに対し、どんな対処法があるか思いつくままに書き出してみましょう。

　できる、できないはひとまず考えず、できるだけたくさん書くことが大事です。また、1つの方法にこだわらず、違う角度からも考えてみてください。いろいろなコーピングのパターンを持っておくと他でも応用できますし、それだけでストレスに強くなります。

　出つくしたなと思ったら、書いたものをながめてみて、これならできそう、と思うものに〇をつけましょう。今すぐできそうと思うものには◎をつけましょう。

　◎をつけたからといって、必ずやらなければならないということではありません。**自分の意志で、やりたいと思ったら実行**してください。

　たとえやらなくても、「これだけ解決法がある」とわかっただけでも元気になることがあります。これは、ジャーナリングで「書いて見える化」したことによる効果なのです。

こんなふうに**ジャーナリング**を**活用**しよう！

ストレスに対して、どんな対処法があるか、実際にできるかどうかはともかく、できるだけたくさん出してみましょう。すぐできそうなものには◎をつけましょう。それだけで気持ちが落ち着くかも。

和真（かずま）のノート

- 苦手な数学のテストが近づいていてあせっている。
- 今夜、集中して数学の復習をしよう。
- 友達といっしょに勉強して、わからないところを聞こう。
- テスト当日までの勉強スケジュールを立てよう。
- ◎ 少し散歩して、気持ちを落ち着けよう。
- YouTubeを見てリラックスしよう。
- 数学はあきらめて、得意な英語に集中しよう。

【先生からの一言】

　問題焦点（しょうてん）型と、情動焦点型のコーピングがバランスよく考えられていますね。バッチリです！　できそうなことを書いていくだけでも「どうしたらいいかわからない」ストレスが解消され、気持ちが落ち着いてくることもありますね。

ジャーナリングで解決法を見つけよう　第**4**章

　さらにリストの中からできそうなことを1つでもやってみると、もっとストレスが軽くなるかも知れませんよ！

優奈のノート

> M美の存在が怖くて最近、学校に行こうと思うと
> 身体がだるくて立ち上がる元気がない。
> ・M美に「なんで私だけハブろうとするの？」と
> 　直接聞いてみる。
> ・M美の弱みを探す。
> ・他にもM美のことをいやだと思っている子を
> 　味方につけて逆にM美を孤立させる。
> ・M美とは別の子と仲良くする。
> ・身体のだるさは病院に行ってみる。
> ◎疲れたときは無理せず休む。

【先生からの一言】

　M美ちゃんのことをどうするかという視点だけでなく、自分の身体にも目を向けた対処（コーピング）も考えることができていてすばらしいなと思いました。視点を広げて、いろんな角度から対処法を考えることができるとストレスに少しずつ強くなっていきますよ。できそうなことから試してみてくださいね。

自分の手に負えないときは
人に助けてもらおう！

思い浮かべるだけで
元気になれる人は
いますか？

ジャーナリングで解決法を見つけよう　第4章

　ストレスが強すぎたり長く続いたりして、眠れない、食欲がない、気力がないなど、心や身体にストレス反応（36ページ参照）が出てしまっている人。本当につらかったと思います。あなたが気づいていなくても、あなたの心や身体のほうが気づいて、それがいろいろな不調となって現れているんです。ここまできたら、もう自分だけでなんとかしようと思うのはやめましょう。

　といっても、いきなりだれかに「助けて！」というのはハードルが高いと思います。こんなときにもジャーナリングです。

　身近にあなたを助けてくれそうな人、この人なら頼りになると思える人はいますか？　そばにいてくれたら安心するという人はいますか？　そういう人の名前を思いつくままに書いてみましょう。**身近な人や知り合いでなくてもかまいません**。好きなアイドルでもいいし、ペットでもかまいません。

　その人なら、どんな声をかけてくれると思いますか？　どんなアドバイスをくれると思いますか？　こんなふうにしてくれそうということも想像して書いてみてください。「ただそばにいてくれるだけで安心する」でもかまいません。

　名前を挙げた人たちに、実際に連絡をしてもいいし、しなくてもかまいません。**頼れる人の名前を書いて「これだけ頼れる人がいる」と目で見て確かめることで、ずいぶん気持ちが楽に**なってくるはずです。

79

こんなふうに**ジャーナリングを活用**しよう！

落ち込んだり困ったりしているときに頼りになる、いてくれると安心するという人の名前を書き出そう。実在しない人でも、推しのアイドルやペットでもいいよ。

香苗のノート

> 父方のおばあちゃん。いつもニコニコしている。怒るのを見たことがない。優しい。なんでも話を聴いてくれる。
> 去年卒業した先輩のYさん。おおらかで人を笑わせるのが上手。そばにいるとこっちも元気になる。

【先生からの一言】

　思い出すだけで心があたたかくなったり、元気になれる人がいるっていいですね。その人の写真があったらながめてみるのもいいと思います。

もし「だれも頼れる人がいない」と思ったら、公共の機関に頼ることも選択肢の1つに加えてください。LINEで相談できるところもありますよ。

❶ **まもろうよこころ（厚生労働省）**
https://www.mhlw.go.jp/mamorouyokokoro/

❷ **あなたのいばしょチャット相談**
https://talkme.jp/

❶ ❷

ジャーナリングで解決法を見つけよう　第**4**章

幸次のノート

　頼れるのは、東京で一人暮らしをして大学に通っている兄。前にも泊めてもらったことがある。オレがいろんなつらいことがありすぎて落ち込んでいると知ったら悲しむだろうな。だからまだまだがんばらなきゃと思う。

　あとは、推しのアーティストの〇〇。前にライブに行ったらすごく元気が出た。〇〇が今日もがんばっていると思うと自分も元気が出る。

【先生からの一言】

　幸次さんは、かなりつらい思いをしているんですね。そんな中、自分の頼りになる人や安心する人を思い浮かべられたのはすごいことだと思います。ジャーナリングで気持ちを書き出してストレスと付き合っていくのも1つの方法だけど、どうしてもつらかったら、ぜひだれかに相談してくださいね。

自分がリラックスできる場所を思い浮(う)かべよう!

「ここがあれば大丈夫」
という場所が
あなたを支える。

第4章　ジャーナリングで解決法を見つけよう

あなたが好きな場所はありますか？

自分1人の部屋、学校の図書室のすみっこ、子どものころから通った公園のベンチ、塾の自習室、好きなカフェなど。ここでボーっとしているのが好き、ここにいるとリラックスできるという場所を書き出してみましょう。

あるいは、あなたの思い出の場所でもかまいません。子どもの頃、両親と旅行に行ったときに楽しかったこと、友達とみんなで遊びに行っていっぱい笑ったこと。その情景も含めて書き出してみてください。絵を描いたり、写真を貼ってもいいでしょう。

まだ行ったことがない場所でもかまいません。たとえば海がきれいなビーチ。波の音や潮の香りなども思いつくままに書いてみましょう。大草原もいいですね。草の葉のざわめき、鳥の声も聞こえてくるかもしれません。

自分の好きな場所を思い浮かべることで、心の安らぎやリラックスが感じられ、ストレスが軽減すると言われています。思い浮かべるだけでなく、ジャーナリングで書き出すことで、イメージがよりくっきりしてきますね。

少々つらいことがあっても、「ここにもどれば大丈夫」という場所を持つことは、あなたの心の支えになります。

83

ストレスでしんどいときに役に立つリラクセーション法

　ジャーナリングはストレス解消に役立ちますが、ジャーナリングだけですべてのストレスを解消するのは無理。どうしてもしんどいときは、ここで紹介するリラクセーションを試してみましょう。

1. 深呼吸ではりつめた心をときほぐそう

　ストレスがたまって、心臓がどきどきしたり、身体ががくがくしたりするときは、深呼吸をしましょう。目を閉じてゆっくり、「1、2、3、4」で吸って、「1、2、3、4、5、6」で吐く、を繰り返します。だんだん吐く息を長くするのがポイントです。

　たかがそのくらいで？　と思うかもしれませんが、深い呼吸は身体の緊張をほぐし、心を落ち着ける効果があるのです。

　私たちの身体の中には交感神経と副交感神経があります。交感神経は身体の活動を活発にしてくれるスイッチ、副交感神経は身体をリラックスさせてくれるスイッチのようなものです。ストレスがたまっているときは、交感神経のスイッチが入りっぱなしで心身が疲れてしまっている状態。でも、深呼吸をすることで、副

交感神経にスイッチが入り、身体をリラックスさせてくれるのです。

深呼吸ならいつでもどこでもできるので、リラックス法として覚えておくとなにかと便利ですよ!

2. 筋肉をリラックスさせる方法

ストレスがたまっていると、無意識のうちに筋肉に力が入り、肩こりや頭痛を引き起こしてしまうことがあります。これも、交感神経のはたらきによるものです。筋肉をときほぐすには、深呼吸もいいのですがもう1つ方法があります。

それは、「手や肩など、身体の一部だけにぐっと力を入れて一気に力を抜く」という方法です。筋肉は「力を抜こう」と思って力を抜くのは難しいですが、一度意識して力を入れてからなら力を抜きやすいのです。こうすると不安やストレスでかたまった筋肉がゆるみ、リラックス効果を感じられます。

やり方

❶ 両手をぎゅっと握って10秒間力を入れる。

❷ 一気に力を抜く(身体がゆるむ感覚を味わいましょう)。

❸ 手の他にも、腕、肩、首、お腹、足など、部位ごとに、「❶10秒間力を入れて、❷一気に抜く」を繰り返しましょう。

❹ 最後にひじを曲げて両手を握り、肩甲骨を寄せるように後ろに引き、両手を開いて強く前に出す「解除動作」を2〜3回行います。

COLUMN

簡単にできてすぐに気持ちが元気になるコーピング

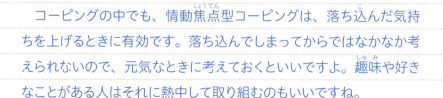

　コーピングの中でも、情動焦点型コーピングは、落ち込んだ気持ちを上げるときに有効です。落ち込んでしまってからではなかなか考えられないので、元気なときに考えておくといいですよ。趣味や好きなことがある人はそれに熱中して取り組むのもいいですね。

- ジャーナリングをする（感情を紙に書き出す）
- 深呼吸をする
- 散歩をする
- ラジオ体操第1を歌いながらする
- 推しの動画を見る
- 好きなアイドルのダンスを完コピする
- カラオケで思いっきり歌う
- 新聞紙をびりびりに破く
- 好きな音楽を聴く
- ぬいぐるみを抱きしめる
- ペットと遊ぶ
- 筋トレをする

他にも考えてみよう！

[第5章]
しなやかで強い心を手に入れるためのジャーナリング

第4章で、とらえ方を変えることでストレスに強くなったり、ストレスをなんとかする方法（コーピング）を考えたりしてきました。でも生きている限り、ストレスはなくならないものです。であれば、「ストレスはあるものだ」と思って、ストレスとともに生きていけるしなやかで強い心をジャーナリングで身につけましょう。

ストレス（いやな思考や感情）はなくならないときもある

だったらストレスとともに生きていくのもあり。

みなさんは、ストレスっていやだな、ストレスのない人生がいいな、と思いますか？　思いますよね。私もそうです。

でも、一難去ってはまた一難。ストレスを完全になくすことはできません。

たとえば、みなさんにも身近なストレッサーの1つに「テスト」があるのではないでしょうか。高校受験さえ終われば、大学受験さえ終われば、テストにさよならできると思っていたら、社会人になってからもいろいろなテストはあるんです。

人間関係がストレッサーになることもありますよね。でも、どこに行っても必ず自分と相性が悪い人はいます。私の知り合いにも人間関係がつらくて会社を辞めたけど、次に行った会社でもやっぱり人間関係に悩んでいるという人はたくさんいます。

生きていればストレスはかかり続けるものです。だから、ストレスを小さくしようとか、ストレスに対処しようとしてばかりいると、疲れてしまいます。

それなら、**ストレスがかかっても、「ああ、またストレスがかかってきたな」と、ただながめてみる**のはどうでしょう。そして、ストレスをかかえたまま自分の人生を歩んでいく。そういう生き方もありではないでしょうか。

ストレスをどうにかしなきゃと
思うのをやめてみよう

あるもんだと思えば
気にならなくなる。

ストレスを敵だと思うと、「戦わなければ」「克服しなければ」というモードになりますよね。元気があるときはいいですが、いつも元気でいることはできませんし、戦闘モードを続けているとだんだんつらくなります。

「どうにかしなきゃ、助けて」と思うから、それ自体がストレスになってつらくなることもあります。**「ストレスは空気のように、ただそこにあるものなんだ」**と考えてみる。

普通にあるものだから、そのままいつもの日常を生きていく。すると、だんだん少々のストレスには動じなくなっていきます。

いわば、苦悩とともに生きていくのです。そんな境地に達することができたら、ちょっとカッコいいと思いませんか?

そのために役立つのが「マインドフルネス」になるためのジャーナリングです。マインドフルネスとは、「今、ここに意識を向けること」(27ページ参照)。

忙しかったりいろいろな悩みごとで頭がいっぱいのときに「今、ここに意識を向ける」のは簡単ではありません。でも、**ジャーナリングの手法を使えば案外簡単にできる**のです。ぜひその方法を覚えて自分の生活に活かしていきましょう。

ジャーナリングで今ここに意識を向けよう

ちょっと難しいけど書けば自然と意識を向けられるかも。

しなやかで強い心を手に入れるためのジャーナリング　第5章

　学校で先生に叱られた、友達と口論になった、部活でいい
プレーができなかったなどなど。「今日はいやなことばっかりあ
ったな〜」という日、いやなことをばーっと紙に書いてみましょう。
いやなできごとだけでなく、そのときの自分の気持ちも書き出し
てください。「先生うざい」「あいつムカつく」「すっごくいやな気
分」…、人に読まれたらまずいなと思うようないやな言葉もOK
です。だれに見せるわけでもないですからね。

　さて、たくさん書き出しましたか？　「書くだけですっきりした」
で終わってもいいのですが、一度、自分から出てきた言葉を
見てみましょう。そして、**「これは自分の中にあったも
のなんだ」と理解しましょう。こう思っているから良
い、とか悪いとかの評価をしないでただながめま
す。**

　いやな思考や感情があっても、あるだけならあなたに悪さは
しません。悪さをするのは、「この思考や感情のせいで○○で
きない」とか「この思考や感情のせいで何もかもうまくいかない」
というように、あなたの行動が、思考や感情に振り回されてい
るときです。

　良いとも悪いとも思わず、「ただながめるだけ」ができるように
なると、思考や感情に振り回されなくなります。それが、マイン
ドフルな状態なのです。

脳の思考回路を意志を持って変えていこう

マインドフルネスで脳の動きを変える。

マインドフルネスとは、**今、ここに意識を向けること**。そして、目の前のできごとを、**良いとか悪いとかの評価をせず、そのまま受け入れる**ことです。

　意識してマインドフルな状態を作れるようになると、集中力や創造力がアップする、ストレスに強くなると言われていますが、もう1つ、注目したいことがあります。

　私たちの脳は、放っておくと、勝手に考えごとを始める性質があると、29ページでお話ししましたね。

　この性質のため脳は、目の前のできごとを「これは良くない」「悪い」と判断し、「だからやらない」「できない」というふうに考えてしまう傾向があります。

　一方、マインドフルな状態であれば、「できない」「無理かも」と考えている自分をただながめて、「なるほど、私はこれがいやだ、できないと考えているんだ」ということに気づくことができます。

　これを繰り返すことで、自分の考えや感情を評価したり判断したりせずただ認めるということが上手になっていきます。

　少し難しいと感じることもあるかもしれませんが、最初から上手にできる人はいないので、心配しなくても大丈夫ですよ！

ジャーナリングでマインドフルネスを練習する具体的な方法

1. 自分を観察しよう

　日々感じる喜びや不安、怒りなどの感情をありのままにノートに書き出しましょう。書いたことに対しては、良い・悪いの評価はしません。

　自分の感情を否定せず、「今そう感じている」と受け入れることで、ありのままの自分を受け止める練習になります。

2. 感謝リストを作ろう

　日々の生活の中で、感謝できることを書き出しましょう。たとえば、毎日食事を作ってくれる親への感謝、いっしょにいてくれる友達、部活の仲間たち、元気で生きていることなど、なんでも良いので書いていきます。そして書いているときや書いたあとの自分の感覚に目を向けてみるのです。幸せなんだと思い込む必要もありません。書いたときの自分の感覚に目を向けることがマインドフルネスの練習になります。

3. ポジティブな問いかけをしよう

「今日はどんないいことがあった?」「何が楽しかった?」「何に感謝している?」などポジティブな問いかけを自分にして、思いつくことを書き出していきましょう。2.と同じく、書いたときや書いたあとの自分の感覚に目を向けてみます。ポジティブな考えに対してどんな感覚が現れるでしょうか。今の感覚に目を向けることがマインドフルネスの練習になります。

4. 心配ごとを書き出そう

不安や心配ごとをノートに書き出してみましょう。書くだけですっきりしますし、書いたものをながめることで、今の自分をながめることができます。「ありのままに気づく」マインドフルネスも身につきます。

5. 呼吸や身体の感覚を記録しよう

できごとや感情だけでなく、そのときの自分の呼吸はどうだったか（速くなった、あらくなったなど）、身体の状態はどうだったか（かっと熱くなった、ふるえたなど）も記録しておくと、自分の感情と身体のつながりが意識できるようになり、ストレス反応にも気づきやすくなります。

COLUMN

日常生活でも
マインドフルネスを練習できる！

　ふだんの食事のときに、ただ黙々(もくもく)と食べたり、考えごとをしながらとか、動画を見ながらとか、ながら食べをしていることって多いと思います。食事の場もマインドフルネスの練習の場にしましょう。

　たとえば、目の前にあるお茶わんの中のごはんをじっくり眺(なが)めてみる。「白くてつやつやしているな。ちいさな楕円形(だえん)でてっぺんが少し欠けているのがカワイイな」とか、ごはんのことだけに意識を向けてみる。ゆっくり口の中に入れたら「あったかいな。かむと弾力(だんりょく)があるな。ほんのり甘みがあるな」と、のみ込むまでていねいに味わってみましょう。

　ふだん私たちは、「あれをしなきゃ、これもしなきゃ」「あのときあんなこと言わなければよかったな」など、いろいろなことを脳が勝手に考えて、心が落ち着かないものです。でも、マインドフルな状態になると雑念やいろいろな感情に振り回されなくなり、心が静かになって、いろんなことにていねいに優しく気づくことができるようになります。

　食事のときだけでなく、たとえば漢字の練習をするときに、漢字の形を興味を持ってながめてみる、一画一画、心を込めて書いてみる。筋トレをするときに、「今、どこの筋肉に効いてるかな」と自分の筋肉に意識を向けてみるなど、いろいろなところにマインドフルネスの練習ネタはありますよ。

[第6章]
未来のための ジャーナリング

ジャーナリングは自分を見つめ直し、自分のことを知るためにとても有効です。この章では、ジャーナリングによって「自分の大切なこと」を明確にし、「大切なことに向かって行動を進めるための計画」を立てていきましょう。

自分の好きなこと、得意なことを見つけよう

自分の将来を考える
ヒントになります。

ジャーナリングは自分を理解し、自分が何が好きで何を大切に思っているか（興味や価値観）を見つけるときにもとても有効です。それは、将来の進路を考えるときや、人生に迷ったときに行く先を照らしてくれる一筋の明かりとなるでしょう。

　自分が好きな活動や興味があること、得意なことを、思いつくままにノートに書き出していきましょう。

　最初は読書、数学、部活、といったおおざっぱなものでもかまいません。一通り出たら、それぞれを掘り下げていきましょう。たとえば、読書だったら、どういうジャンルの本が好きなのか、何度も読むほど好きな本はどれか、なぜそれが好きなのか、できるだけ詳しく書きましょう。

　数学も、計算問題が好きなのか、解き方をいろいろ考えるのが好きなのか。人に教えるのが好き、みんなとグループワークをするのが好き、などでもかまいません。

　好きなことや得意なことは、変わってもかまいません。人は日々成長していますから、好みや価値観、得意なことが変わっていくのは当たり前です。大事なのは、繰り返し書き続けること。**書くことで、自分の興味や才能が少しずつ明らかになっていきます。**

未来の「理想の1日」を
描いてみよう

今するべきことが
見えてきます。

未来のためのジャーナリング　**第6章**

　10年後、あなたはどんな生活をしていると思いますか？　「こんなふうになっていたらいいな」という理想の1日を想像してノートに書き出してみましょう。想像するだけなので、何を書いても自由。**今の自分ではとうてい無理かもというものでもかまいません。自分がわくわくするような、大きな夢を描いてみてください。**

　来年の進路とか、卒業後の自分とかは、現実と近すぎて逆にイメージできないかもしれませんが、10年後くらい先になると、まったくわからないからこそ、自由に想像ができるのではないでしょうか。理想の1日は、できるだけ具体的に書きましょう。どんなオフィスで、だれと働いているか、どんなファッションで、どんなライフスタイルを送っているか。イメージに近い写真があれば、貼っておいてもいいかもしれません。

　そこにはおのずと、あなたの価値観が現れているはずです。

　理想の未来に近づくためには、今何をしなければいけないか、も見えてくるかもしれません。

　将来の夢をより具体的に描いている人のほうが、そうでない人よりも実現の可能性が高くなると言われています。

　あまりイメージがわかないという人も、とにかく手を動かしてみましょう。そのうちイメージがわいてくるかもしれません。

103

「やってみたいことリスト」を作ってみよう

知らない自分と出会える。
考えるだけでわくわくしてくる。

もしお金や時間が自由に使えるなら、あなたは何がやりたいですか？　自由にノートに書いてみましょう。
　学校や部活が忙しくて時間がない、受験のことで頭がいっぱいで気持ちに余裕はないという人こそ、ぜひこのワークをしてほしいと思います。
　進路とか、自分の将来の仕事に直結しなくても、とにかくやってみたい、興味があるということを書き出します。
　バンジージャンプに挑戦する、気球に乗る、ダンスで舞台に立つ、オーロラを見に行く、ボランティアに参加するなど、なんでもかまいません。

　書いていくうちにわくわくしてきませんか？　このワークは落ち込んでいるときに元気になるためにも有効ですが、あなたがどんなことに興味を持っているのか、何が好きなのか、**自分を知るためのヒント**にもなります。
　興味を引く活動に目を向けてみることで、進路のヒントや新しい目標が見つかるかもしれません。

「困難を乗り越えた経験」を思い出そう

自分ってすごいかもと自信を持て、なりたい自分が見えてくるかもしれません。

未来のためのジャーナリング　**第6章**

　今までの経験をふりかえって、つらかったけど乗り越えたこと、自分で解決法を見つけたこと、難しいことに挑戦して成功したことはありますか？　人は失敗したことばかり何度も思い出してしまいがちですが、**成功したことや乗り越えたこともたくさんあるはずです。そこに光をあてましょう。**

　それはどんな困難でしたか？　そのときどんな気持ちでしたか？　乗り越えるためにどんな工夫や努力をしたのでしょうか。乗り越えたときはどんな気持ちがしたでしょうか。どんな人がどんな声をかけてくれたでしょうか。

　ひとつひとつ思い出していくうちに、自分って案外すごいじゃん、こんな強みもあったんだと自信がみなぎってくるかもしれません。困難なときに支えてくれた人を思い出して、感謝の気持ちがわいてくるかもしれません。

　そこまでで終わりにしないで、「その経験を通じて自分は何を学び、どんな成長をしたか」まで書き留めておきましょう。この作業を繰り返すことで、**どのような成長を自分が望んでいるかが見えてくるかもしれません。**

「あこがれる人」について書いてみよう

自分の理想像が見えてきます。

あなたには、尊敬する人やあこがれの人がいますか？　その人の名前と何をしている人かをノートに書いてみましょう。

あこがれの人は1人でなくてもかまいません。「こういう面ではこの人が好き、こっちの面ではあの人が好き」ということもあるかもしれませんね。

その人がどんな生き方をしてきた人なのか、どこにひかれるのか、それはなぜなのか、深掘りして書いていきましょう。そうすることで、**自分の大切にしたいことや価値観が見えてきます。**

あこがれの人や目指す人のことを「ロールモデル」と言います。ロールモデルがいることで、**「将来こうなりたい」という目標が具体的に**なり、どうがんばればいいのか方向性がはっきりします。くじけそうになったときもロールモデルの姿を思い浮かべることで、自分が歩んでいきたい方向性が見えてきます。

まんぜんとがんばっていると、いやな思考や感情に振り回されやすくもなりますよね。そんなときも、目指すべきロールモデルがいると、また自分の大切にしたいことに向かっていこうと歩みを進めることができます。

「今の悩み」や「不安」を書き出そう

不安の中に本当の思いが隠れているかも。

進路や夢について考えるときに、「どうせ無理だ」「できるわけがない」と不安になったり、「どうすればできるんだろう」と疑問を持ったりすることはありますよね。

そんな不安はすべてノートに書き出しましょう。

不安を感じるのは自然なことです。良い・悪いと評価をせず、ただながめてみましょう。マインドフルネスの要領ですね。

「そうか、自分はこんな不安を持っているんだな」と、不安な気持ちをながめ、受け止めたら、それに対して「なぜ不安に思うのか」「解決するためにできることは何か」と考えてみましょう。**「だからできない」ではなく、「ではどうすればできるか」と考える**のです。書いていくことで不安が少しずつ整理され、次にやるべきことや解決法が見えてきます。

悩みや不安をただながめることには、実はもう1つ大きな意味があります。**あなたの悩みや不安には、あなたの本当の価値が表れている**からです。たとえばあなたが「私が言った言葉で友達がいやな思いをしたかな」と不安になるのは、友達を大切にしたい・思いやりを持ちたいというあなたの価値観があるからかもしれません。

自分が本当に大事だと思うもの＝「価値」を知ることは、より良い人生を生きる上で、非常に大切です。だから、悩みや不安を恐れないで、まっすぐに向き合ってみましょう。

未来に向けての目標を書き出そう

SMART(スマート)に考えるとうまくいきます。

未来のためのジャーナリング　**第6章**

　今度は、未来に向けての具体的な目標を、ジャーナリング
で考えてみましょう。「急に目標と言われても思いつかない」と
いう人もいるかもしれませんね。そんなときに便利なSMARTと
いうフレームワークを使いましょう。

　SMART とは、Specific（具体的）・Measurable（測定可能）
・Adaptive（適合的）・Realistic（現実的）・Time-bound（期
限がある）の頭文字を取ったものです。

　目標をかかげても達成できる場合と達成できない場合があり
ます。どんな目標なら達成しやすいか、そのヒントとなるのが
SMARTなのです。

　Specific（具体的）とは、具体的な目標を立てることです。た
とえば、「勉強ができるようになりたい」といったばくぜんとした
目標では何をしたらいいかわからず、なかなか達成できないも
のです。でも「次の数学のテストで80点以上を取る」という**具
体的な目標なら、やるべきことが見えてきます**よね。

　Measurable（測定可能）とは、たとえば「トレーニングをがん
ばる」よりも「毎朝20分筋トレをする」のように、数字で表せる目
標を立てるということです。このほうがやるべきことが明確で、
結果もわかりやすいですよね。

　Adaptive（適合的）は少し難しいかもしれませんが、たとえば
あなたが大事にしている「価値」と合った目標を立てましょうとい

113

うことです。たとえば「人と接するのが好き」ということがあなたの「価値」だとして、将来なりたいものを考えるとしたら、お店屋さん、看護師さん、セールスパーソンなどは、Adaptiveな目標と言えるでしょう。自分の価値観に合っていない目標は、途中でつらくなるものです。

　Realistic（現実的）とは、実現可能性があるかどうかです。あまりに高すぎる目標を掲げると「絶対無理」と思ってがんばれませんよね。少し手を伸ばせば届きそうな目標を立てることが、達成できる目標づくりのポイントです。

　Time-bound（期限がある）ことも、目標を立てる上で重要です。「いつまでにやる」という期限がなければ、つい先延ばしにしてしまい、なかなかとりかかれないものです。

Specific （具体的）	その目標は具体的ですか?	△「サッカーで強くなる」 ○「全国大会でベスト8に入る」
Measurable （測定可能）	達成度を 数字で表せますか?	△「数学の勉強をがんばる」 ○「毎日30分復習をする」
Adaptive （適合的）	自分が大切に していること（価値）と 合っていますか?	価値＝人の役に立ちたい場合 △「給料が高い仕事に就きたい」 ○「人のお世話をする仕事が 　したい」
Realistic （現実的）	達成可能な目標ですか?	△「1日20キロ走る」 ○「1日2キロ走る」
Time-bound （期限がある）	その目標を いつまでにやりますか?	△「来年やる」 ○「来年の4月1日までにやる」

こずえのノート

私の価値＝人を笑顔にしたい

Before

行動＝ダンス、がんばりたい！

After

7月に開催されるダンス部の全国大会でベスト8に入りたい。

そのために、部活の練習の他に、毎朝10分間のランニング、寝る前の15分のストレッチをやる。

家族との時間も大切にしたいので、夕食のときはみんなと話をする。家の手伝いもする。

最初よりも、目標が具体的になりましたね。1日に何を何分やると具体的な数字が書かれているので、やるべきことがわかって達成しやすくなりました。

1度決めた目標でも、実際にやってみて無理だな、とかもっとできるかも、と思ったら変更してもいいですよ。

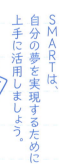

SMARTは、自分の夢を実現するために上手に活用しましょう。

未来を作るジャーナリング

小さな成長が積み重なって未来のあなたになる。

未来のためのジャーナリング　第6章

　ここまで読んできたあなたは、だいぶジャーナリングにも慣れてきて、もう「書くことがない」と悩むことはなくなっていることでしょう。であれば、もうちょっとレベルアップを目指しましょう。

　学校生活や家庭での日々の中で感じた、今までは見すごしてきた小さな気づきにも目を向け記録することを習慣にしましょう。たとえば、「新しいことを学ぶのが楽しい」「グループ活動でみんなと意見を言い合うのが楽しい」「人の手助けをするのが好きかも」など、**日々の気づきを積み重ねると、だんだん自分の「価値」というものができあがっていきます**。それはやがて、進路や夢の発見につなげられるでしょう。

　ジャーナリングで、「私はこういうことが大事」というのが見えてきたら、「そのために明日、何ができるか」「この1週間何ができるか」を書いてみましょう。

　そして、1日後、1週間後に、自分は目標に対して何ができたか、どれだけ成長したかを振り返りましょう。

　目標を立て、その進捗や成果をジャーナリングで記録することで、自分が目指す方向を明確にし、達成感や動機づけを得ることができます。この積み重ねが、**あなたの人生を形作っていく**のです。

117

COLUMN

自分にとっての「価値」が、未来の羅針盤になる

　あなたは、どんなときに幸せを感じますか？　家族と楽しく食事をしているときですか？　気の合う友達と楽しい時間をすごすときですか？　部活のときにチームや自分の目標を達成できたときですか？　人にはそれぞれ、「こういうときに幸せを感じる」「こういうことが大事」と思うものがあります。それを「価値」と呼ぶことにしましょう。

　「価値」は、人から言われるものではなく、自分の心の底からわきあがってくるものです。「価値」は「目標」とは違い、達成したら終わりではなく、ずっと追い続けるものです。

　これから自分はどんな進路を選び、どんな職業に就き、どんな人生を歩みたいのか。あなたも迷うときが来ると思います（まさに今がそのときかもしれませんね）。そんなときに、**道しるべとなるのがあなたの大事にする「価値」**です。

　でも私たちは、人から意見をされたり、他人の生き方のほうが輝いて見えたりすると、価値を見失ってしまいがちです。

　そんなときは、ときどきジャーナリングで「自分って何が大事だったけ？」「何が好きだったっけ？」と振り返ってみることをおすすめします。「自分の価値がまだわからない」という場合は、過去に成功したこと、うれしかったことを思い出すといいかもしれません。

　自分にとっての「価値」が明確になると、不安やネガティブな感情で気持ちが振り回されることが減り、自信を持って自分の道を進むことができるようになりますよ。

［第7章］
みんなの
ジャーナリング

この章では、中高生のみなさんから
いただいたお悩みについて、これま
で学んできたジャーナリングを使っ
て解決する方法を考えます。

お悩み1

部活のことで悩んでいます

テニスでペアのA子さんが、練習をさぼったり、真剣に練習をしないので困っています。練習をしないと強くなれないので、次の試合に出られないかもと不安。試合に出られなかったらA子のせいだと思うとむかつきます。

A

あなたは一生懸命練習して試合に出たいのに、A子さんが練習をちゃんとしないせいで、試合に出られないかも、と不安なのですね。

ここは第4章で学んだ、「とらえ方を増やしてみる」[※1]ためのジャーナリングをしてみましょう。A子さんがまじめに練習しないから強くなれないのか、それとも他に理由があるのか、いろいろな考えを増やしてみましょう。

次に、さまざまなコーピング（対処方法）を考えてみましょう。[※2]対処方法は、たとえばA子さんに「強くなって試合に出たい」というあなたの気持ちをちゃんと伝える、先生に注意してもらう、など問題を解決するような対処方法や、空を見て気分転換する、好きな音楽を聴くなど気晴らしになるような対処法などいろいろ考えられますよね。

あるいは、A子さんがあなたのストレッサーですから、彼女に変わってもらうか、あるいはペアの相手を変えてA子さんから離れるという方法もあるかもしれません。ストレッサーから離れる方法をジャーナリングでたくさん出してみるのも良いでしょう。

ジャーナリングで、なぜ強くなりたいのかを掘り下げて「自分の大事にしていること」を明らかにしておくと、A子さんに気持ちを伝えたり、先生に助けを求めるときにも言いたいことが伝えやすくなりますね。

参照：※1＝P.66〜71　※2＝P.72〜77

受験勉強に集中できません

受験まで半年しかなくて焦っています。しかもこの間の模擬試験でC判定に。焦りと不安で勉強が手につきません。

お悩み2

A

受験が近づいて焦りや不安を感じるのは、真剣にがんばりたい気持ちがあるからこそですね。まずは「未来のジャーナリング」[3]をやってみませんか。不安や焦りに振り回されそうなときこそ、「自分が大切にしたいことはなんだろう?」と考えてみてください。「努力し続けること」「成長すること」など、あなたが目指したい方向を書き出してみると、それに向かって行動を進めやすくなります。

そして、ジャーナリングをしながら「今ここ」に意識を向けること[4]も大切です。不安な気持ちは未来への心配から生まれることが多いものです。だからこそ、紙に書きながら「今できること」に意識を向けることで、心を落ち着けていきましょう。

そして、「ストレスを明らかにする」[5]のもいいかも知れません。頭の中でもやもやしている不安や焦りを、思いつくまま紙に書き出してみるんです。「勉強が進まない」「C判定だった」といった具体的な言葉で書くと、自分の気持ちが整理されていきます。

焦りや不安も、向き合い方次第で前進する力に変えられます。ひとつひとつ書き出す時間を大切にして、自分の気持ちと向き合ってみてくださいね。

参照：※3＝第6章　※4＝第5章　※5＝P.48〜55

お悩み3

先生との関係に悩んでいます

　私は先生にきらわれているようです。グループ活動で他の子には「よくやったね」と声をかけるのに、私だけ何も言われません。無視されている気がします。

A

　先生に無視されているように感じるのはとてもつらいですよね。「きらわれているのかな」と考えると、心が苦しくなるのも自然なことです。こんなときはまず、「ストレスを明らかにする」ことから始めてみましょう[※1] ストレスの原因になっていそうな出来事をそのまま紙に書いてみるんです。「他の子には声をかけるのに、私には何も言わない」といった出来事を書き出すことで、ストレスの原因が少しずつ整理されていきます。

　次に、「ストレスに対する考えを増やす」方法[※2]も役立ちます。たとえば、先生が声をかけなかった場面を具体的に思い出して、「そのとき、もしかしたら先生が忙しかったのかもしれない」「私に何も言わないのはちゃんとできているからかも」と、他の見方を考えてみるんです。これだけで気持ちが楽になることがあります。

　さらに、未来のジャーナリング[※3]もやってみましょう。他の人の言葉や態度に振り回されそうなときこそ、「自分にとって本当に大切なことはなんだろう?」と考えてみてください。たとえば、「グループ活動で自分ががんばったこと」や「成長するために努力すること」を書き出すと、自分のやりたいことに意識がもどってきます。

　先生の態度が気になるのは、それだけあなたが認められたい、がんばりを見てもらいたいと願っているからです。その気持ちはとても大事なものです。自分の思いを大切に、少しずつ進んでいきましょうね。

参照：※1＝P.48〜55　※2＝P.66〜71　※3＝第6章

友達との付き合い方に悩んでいます

お悩み4

　B子さんを中心とした友達グループにいるのですが、よくパシリにされます。みんなと合わせるのはいやだと思いながらも一人ぼっちになりたくないので抜けられません。

A

　友達グループの中でパシリのようにあつかわれてしまうのは、とてもつらいことですよね。みんなといっしょにいたい気持ちと、無理をしている自分との間で葛藤するのは自然なことです。でも、自分を大切にするために少し立ち止まって考える時間を持ってみましょう。

　まず、「価値を明確にする」[※4]ことを試してみてください。あなたにとって、本当に大切な人間関係はどんなものでしょうか。「お互いを尊重し合える関係」や「無理せず自然体でいられる友達」といった、理想のつながりを考えてみてください。そして、それを紙に書き出してみましょう。自分にとっての大事な価値が見えてくると今の状況をどうしたいかが少しずつ整理されていきます。

　次に、「ストレスコーピングを増やす」[※5]方法を取り入れてみましょう。たとえばパシリのように頼まれたとき、すべてを受け入れる必要はありません。小さなことからでも、「今は無理かも」と断ってみたり他の提案をしてみたりする練習をしてみてください。小さな一歩を積み重ねることで、少しずつ自分を守れるようになります。最後に、ジャーナリングを通して「今ここ」に意識を向けてみましょう[※6]不安や葛藤でいっぱいになると、未来への心配がふくらみがち。でも、紙に今の気持ちを書き出しながら、「今日の私にできることはなんだろう?」と考えてみてください。「少し勇気を出して、自分の気持ちを伝える」といった小さな行動に集中するだけで、心が少し楽になるかもしれません。

参照：※4＝第6章　※5＝P.72～77　※6＝第5章

お悩み5

親との関係でイライラしています

私は自分の学力で行けそうな大学の文学部を第一志望にしているのですが、「そんな大学に行くのか。どうせなら理系大学に行け」と親に言われています。

A

自分の進路について親の意見とぶつかるのは、とてもつらいことですよね。そんなときは、ジャーナリングで気持ちを整理しながら、自分の進むべき道を考えましょう。まず、「未来のジャーナリング」[※1]をしてみるのがおすすめです。「文学部で何を学びたいのか」「それを学ぶことでどんな未来を描きたいのか」「なぜ自分にとってそれが重要なのか」あなたが進みたい未来や、本当に大切にしたいことを自由に書いてみてください。紙の上で理想の自分に出会うことで、あなたの気持ちや価値観が整理され、親の意見に左右されにくくなります。

次に、「ストレスコーピングを増やす」[※2]ことを考えてみましょう。親と意見が合わずに悩んだとき、自分を支える方法を少しずつ増やしてみるんです。たとえば、親に話す前に自分の考えを整理するためのメモを作る、信頼できる先生や友達に相談してみる、という小さな工夫が役立ちます。自分の思いをきちんと伝える準備をしておくことで、親と話し合うときの不安を軽くできます。

最後に、「今ここ」に意識を向けてみましょう。[※3]親の期待や未来への不安に押しつぶされそうになったら、今あなたができることに意識を向けてみてください。文学部で学びたいことを調べたり、志望理由を深めたりすることも、前に進むための大切な一歩です。

親が違う意見を言うのは、あなたを大切に思っているから。でも、同時にあなた自身の価値や夢も大切にしてくださいね。

参照：※1＝第6章　※2＝P.72〜77　※3＝第5章

将来のことがなんとなく不安です

お悩み6

地球環境はどんどんやばいことになっているし、日本経済も不安。海外の戦争も心配だし、将来自分は食べていけるのか、いろいろ不安です。

A

将来の不安や世界の状況に押しつぶされそうになるとき、心を「今ここ」に戻すことがとても大切です。ジャーナリングはそのための強力なツールになります。まず、書くという行為自体に意識を向けるマインドフルネスのジャーナリング[※4]を試してみましょう。ペンが紙をすべる感覚や、文字が形になっていく様子に注意を向けます。たとえば、「ペンの音が心地よい」「文字が紙に並んでいくと気持ちが落ち着く」など、書いている瞬間の感覚をそのまま味わうんです。さらに、書きながら気づいたことを自然にメモしてみてください。「部屋に心地よい静けさがある」「お茶の香りがほっとする」など、今感じていることを書き出すことで、不安から少しずつ心を解放できます。

次に、感謝をテーマにしたジャーナリング[※5]も取り入れてみましょう。「今日感謝できること」を3つ書き出してみてください。たとえば、「温かい食事が食べられた」「友達が笑顔で話してくれた」「自分の好きな音楽を聴けた」など、どんなに小さなことでもかまいません。感謝に意識を向けると、心が少し軽くなり、安心感が生まれます。

ストレスコーピングを増やす[※2]ジャーナリングも役立ちます。不安を書き出し、それに対して「自分が今できること」をリストアップしてみましょう。たとえば、「環境問題について小さな行動を始める」「将来のためにスキルを磨く」といった具体的な一歩を考えます。不安に飲み込まれるのではなく、行動の選択肢を増やすことで気持ちが楽になります。

参照：※4＝第5章　※5＝P.96

読んでくださった中高生のみなさんへ

　私がみなさんくらいの年齢で進路に迷っていたとき、よくノートに「将来どんな生活をしていたいか」「どんな仕事がしたいか」「そもそも自分は何が好きなのか」「何がしたいのか」を何度も書き出したものです。世の中にどんな仕事があるかを調べてそのメリットデメリットを書き出したりもしていました。「とにかく書き出す」ことで自分の頭の中のもやもやが少しずつ整理されていったのを覚えています。

　悩んでいるときは、頭の中で考えているとどんどん考えが悪いほうに向かいがちです。紙に書き出す＝悪い思考の流れをいったん頭の外に出すことで、「自分ってこんなふうに感じているんだ」と客観的にながめられるようになり、「別の考え方もあるかも」と、自分なりの対処法を見つけられるかもしれません。また、今まで気づかなかった自分の本当の思いにも気づくことができるかもしれません。それらはすべて、あなたが未来を力強く生きていくための糧となるはずです。

学校の先生や保護者の方へ

　先生方や保護者の方にも、ぜひこの本を通じて「ジャーナリングを用いたストレスとの付き合い方」について知っていただければうれしく思います。子どもたちの成長を見守り、サポートする大人の方々にとっても、心のケアや感情の整理はとても大切なものです。

　先生や保護者の方がジャーナリングを実際に体験し、その良さを理解してくださることで、子どもたちに寄り添う手助けになると思います。そして、この本を通じて心のケアについて話し合うことで、家庭や学校がもっと安心してすごせる場所になれば、こんなにうれしいことはありません。

　みなさんが、自分の心と上手に付き合いながら未来を切り開いていけることを、心から応援しています。そして、それを支える大人のみなさんのご理解とご協力にも、深く感謝申し上げます。

藤本 志乃

【監修】藤本 志乃（ふじもと しの）

公認心理師、臨床心理士。早稲田大学人間科学部健康福祉学科、早稲田大学大学院人間科学研究科卒業後、荒川区教育センター心理専門相談員と東京大学医学部附属病院腎臓・内分泌内科心理士を兼任。その後、日本赤十字社医療センター腎臓内科心理判定士を経て、2020年にオンラインで心について学べるサービス（オンラインカウンセリングを含む）を提供するLe:self（リセルフ）を創業。カウンセリング歴は15年で、グループアプローチを含めこれまでに約5000人を診た経験がある。その他、企業でのメンタルヘルス・研修など予防的な心のケアに関する講演、コンテンツ作成などにも多く携わる。2025年より株式会社働きごこち研究所の取締役を兼任し、人材開発研修教材の作成も行っている。

■ 編集・制作：有限会社イー・プランニング
■ 編集協力：石井栄子
■ DTP/ 本文デザイン：大野佳恵

13歳からのジャーナリング
感情を書き出して頭と心を整える
紙とペンがあればすぐできる！

2025年4月20日　第1版・第1刷発行

監　　修　　藤本 志乃（ふじもと しの）
発 行 者　　株式会社メイツユニバーサルコンテンツ
　　　　　　代表者　大羽 孝志
　　　　　　〒102-0093　東京都千代田区平河町一丁目1-8
印　　刷　　株式会社厚徳社

◎「メイツ出版」は当社の商標です。

● 本書の一部、あるいは全部を無断でコピーすることは、法律で認められた場合を除き、
　著作権の侵害となりますので禁止します。
● 定価はカバーに表示してあります。
©イー・プランニング, 2025.ISBN978-4-7804-3018-9 C6037 Printed in Japan.

ご意見・ご感想はホームページから承っております。
ウェブサイト　https://www.mates-publishing.co.jp/

企画担当：千代 寧